LISBÈLL,

OU

LA NOUVELLE CLAUDINE,

PANTOMIME

EN TROIS ACTES, MÊLÉE DE DANSE,

REPRÉSENTÉE POUR LA PREMIÈRE FOIS, A PARIS, SUR LE THÉATRE DE LA PORTE St-MARTIN, LE 8 SEPTEMBRE 1825.

PRIX : **30** CENTIMES.

PARIS,

CHEZ BEZOU, LIBRAIRE,

Au Magasin de Pièces de Théâtre, boulevard St.-Martin.
N°. 29, vis-à-vis la rue de Lancry.

1825.

IMPRIMERIE DE A. CONIAM,

RUE DU FAUBOURG MONTMARTRE.

ARGUMENT.

Henry de Valmont a séduit et épousé en secret Lisbèll, fille d'une riche fermière d'un des domaines du général comte de Valmont, son père; il en a eu un enfant qu'il fait élever secrètement et dont la seule Maria, sœur de Lisbèll, connaît l'existence. Un ordre imprévu l'oblige d'abandonner sa femme et son fils; il porte l'oubli de lui-même jusqu'au point d'être prêt à contracter un nouvel hymenée lorsque Lisbèll, qui s'est attachée à ses pas, d'abord comme commissionnaire, puis comme Jokei, dépose son secret dans le sein même de sa rivale qui renonce généreusement à la main d'Henry et le ramène aux pieds de sa victime. Non contente de cette noble action, elle intercède si vivement auprès du comte de Valmont, qu'elle fléchit le courroux de ce père irrité et le détermine à confirmer l'union d'Henry et de Lisbèll.

La scène est en Suisse, aux environs et dans le château du comte de Valmont.

<table>
<tr><td>PERSONNAGES.</td><td>ACTEURS.</td></tr>
</table>

PERSONNAGES.	ACTEURS.
Mme. DE FLORVILLE, jeune veuve.	Mlle. ZÉLIE-MOLLARD.
LE GÉNÉRAL COMTE DE VALMONT.	M. HÉRÈT.
HENRI, son fils, officier supérieur.	M. MAZILLIER.
LISBÈLL, épouse clandestine de Henri.	Mlle. VOLÈT.
Mme. SCHILER, veuve d'un ancien militaire et mère de Lisbèll.	Mlle. GRACIENNE.
MARIA, sœur de Lisbèll.	Mlle. LOUISE-PIERSON.
FRANCK, riche fermier.	M. GRANGER.
FRITZ, son fils, futur de Lisbèll.	M. MAZURIER.
CHARLES, Enfant de quatre ans, fils de Henri et de Lisbèll.	La petite ADÈLE.
UN JOKEI.	M. LINGOT.
UN SUISSE DE PORTE.	M. DAVID.

Domestiques, Femmes de chambre, Soldats, etc. etc.

DANSE.

PREMIER ACTE.

MM. Mazillier, Alexis, Allard, Crombé, Arêne, Emile. Mmes Volèt, Florentine, Alexis, Pierson, Bernard, Marivin.

DEUXIÈME ACTE.

MM. Alexis, Arêne, Emile. Mmes. Dupuis, Alexis, Bernard, Marivin, Sophie.

TROISIÈME ACTE.

MM. Aniel, Mazillier, Allard. Mmes. Florentine, Volèt, Adèle, Pierson, etc. etc.

LISBELL,

OU

LA NOUVELLE CLAUDINE,

PANTOMIME EN TROIS ACTES, MÊLÉE DE DANSE.

ACTE PREMIER.

Le Théâtre représente un site pittoresque; une cascade tombe dans un torrent, sur lequel est jeté un pont rustique; l'horison est borné par de hautes montagnes couvertes de neige ; une ferme forme le premier plan, une Chaumière est située vis-à-vis; elle doit être presque masquée par des arbustes.

SCÈNE PREMIÈRE.

Henri est assis sur un rocher d'où il découvre un superbe point de vue qu'il dessine.

SCÈNE II.

Franck et Fritz, précédés et suivis de leurs amis et habitans du canton, viennent planter un mai à la porte de la ferme qu'habite Lisbèll ; ils sont reçus par la famille Schiler, et le fermier rappelle à la veuve la promesse qu'elle lui fit de la main de sa fille pour son fils, ce qu'elle confirme avec empressement; mais Lisbèll témoigne une répugnance qui lui attire quelques mauvais traitemens de la part de sa mère, qui la contraint même à danser avec son futur. Henri, pendant celte scène, laisse assez connaître l'intérêt qu'il prend à Lisbèll, et tandis que les jeunes filles et Maria font des espiégleries à Fritz, Henri et Lisbèll se mêlent aux danses des autres villageois. Cependant l'heure appelle les paysans à leurs travaux champêtres, et madame Schiler, après les avoir congédiés amicalement, part elle-même pour vaquer à ses affaires; elle recommande à Lisbèll d'avoir soin de la maison.

SCÈNE III.

A peine Lisbèll se voit-elle seule avec Henri, qu'elle lui exprime son désespoir de voir que sa mère veut l'obliger à épouser Fritz. Henri la rassure en lui jurant qu'il n'en sera rien, et renouvelle son serment à la face du ciel et sur la tête même de leur enfant, que Maria va chercher dans la chaumière où il est tenu caché. Lisbèll et Henri le comblent de caresses, et se séparent en se témoignant le plus tendre amour.

SCÈNE IV.

A peine sont-ils séparés, que le jokei de Henri se présente et lui remet une lettre que celui-ci ouvre avec empressement: Après en avoir lu le contenu, il éprouve une vive inquiétude, son agitation et son trouble sont extrêmes, son père lui ordonne de se rendre de suite auprès de lui, pour contracter un hymen avec une riche héritière. Après avoir balancé entre le devoir et l'amour, il adresse de tendres adieux au séjour où il laisse une épouse et un fils chéris.

SCÈNE V.

Fritz accourt dans l'intention d'épier Lisbèll, car il a conçu de la jalousie en la voyant danser de préférence avec Henri. Il monte sur un arbre qui domine la chambre de Lisbèll, et s'y tient caché parmi les branches.

SCÈNE VI.

Madame Schiler arrive suivie de moissonneurs qui portent

des gerbes de blé qu'elle leur ordonne de mettre en tas devant la ferme, pour être battues au premier moment. Les moissonneurs vont chercher leurs fléaux.

SCÈNE VII.

Fritz, s'avançant un peu trop, le poid de son corps fait rompre la branche sur laquelle il est appuyé, le pauvre garçon vient mesurer la terre, mais non guéri de sa jalousie et de sa curiosité, il va se cacher sous les gerbes, s'y croyant dans une position avantageuse pour tout voir et tout entendre, mais il a bientôt lieu de s'en repentir.

SCÈNE VIII.

Les moissonneurs viennent battre le blé et avant que Fritz ait le temps de se débarrasser des gerbes qui le couvrent, il reçoit plusieurs coups de fléau; sa confusion augmente par l'arirvée de Maria qui rit de sa mésaventure et finit par l'entrainer avec elle pour aller danser sous les grands arbres avec les autres villageois.

SCÈNE IX.

Cependant Lisbèll sort de la ferme pour aller rejoindre Henri qu'elle croit encore près de la maison, lorsqu'un papier attire son attention. (*C'est la lettre fatale qu'Henri a reçue, et qu'il a par mégarde laissée tomber à terre*). Elle ramasse l'écrit, et connaît bientôt toute l'horreur de sa situation; son malheur est trop certain pour qu'elle se fasse illusion sur son sort. Elle tombe dans un accablement qui est bientôt suivi d'un violent désespoir; elle court chercher son enfant, et vent se précipiter avec lui dans le torrent.

Cependant un orage s'est formé, et au moment où l'infortunée va pour s'élancer dans l'abîme, la foudre éclate, et, passant par dessus sa tête, va tomber sur le toit de la ferme auquel il met le feu. L'éclat de la foudre, en épouvantant Lisbèll, a frappé son imagination; elle croit que le ciel s'oppose à son

criminel dessein, et, changeant tout à coup de résolution, elle
prend son enfant dans ses bras, dit un dernier adieu aux lieux
qui l'ont vu naître, et court sur les traces du perfide qui l'a si
cruellement abandonnée.

SCÈNE X.

Le feu s'est communiqué du toit au corps principal de la
ferme; il augmente avec fureur. La jeune Maria et Fritz sont
les premiers qui s'en aperçoivent; ils appellent du secours; à
leurs cris accourent quelques villageois, qui répandent aussitôt
l'alarme. Bientôt le tocsin et le tambour rassemblent les paysans
des environs, et les plus prompts secours sont donnés: mais le
feu fait de tels progrès, que lorsque madame Schiler accourt,
elle a la douleur de voir son habitation embrasée, elle tremble
pour les jours de Lisbéll qu'elle n'aperçoit pas parmi les femmes
qui sont auprès d'elle: elle veut pénétrer dans la ferme, mais elle
est retenue par Maria et ses compagnes. La malheureuse mère
croit acquérir l'affreuse certitude de la mort de sa fille chérie;
elle est prête à succomber à son désespoir. Cette scène dé-
chirante est accompagnée de quelques situations comiques
par la conduite courageuse de Fritz qui s'élance au milieu
du feu pour sauver Lisbéll qu'il croit prête à périr dans
les flammes. Le pauvre amoureux est au moment d'être
victime de son dévouement; il n'échappe du péril qu'après
une chute miraculeuse et court se précipiter dans le torrent pour éteindre le feu qui s'est communiqué à ses vête-
mens; mais il manque de s'y noyer, et ce n'est qu'après bien
des efforts qu'on parvient à l'en tirer. En ce moment un paysan
accourt, et apprend à madame Schiler qu'on chercherait en
vain Lisbéll parmi les débris de la ferme parce qu'il vient
de la voir fuyant à travers les champs et emportant un enfant
dans ses bras; Fritz quoique trempé jusqu'aux os s'élance sur
ses pas, et la mère infortunée ne pouvant résister à de si terribles
coups, tombe évanouie au moment où sa maison s'écroule avec
fracas!...

FIN DU PREMIER ACTE.

ACTE DEUXIÈME.

Le Théâtre représente l'extérieur d'une maison de plaisance dont l'entrée principale donne sur la grand route.

SCÈNE PREMIÈRE.

Le jokei expédié par le comte de Valmont à son fils vient annoncer l'arrivée de ce dernier, qui paraît aussitôt. Le comte l'embrasse avec effusion, et lui apprend qu'il va bientôt voir sa future. Henri soupire et ne peut cacher sa tristesse.

SCÈNE II.

Madame de Florville arrive ; elle est suivie de femmes de chambre ; elle voyage avec tout l'attirail d'une femme à la mode ; son ajustement, quoique simple, est du meilleur goût. Le comte de Valmont la reçoit avec empressement et galanterie ; il lui présente son fils qui est ébloui de la beauté de sa future et s'excuse de son mieux sur la négligence de sa toilette ; la comtesse de son côté paraît charmée de la bonne mine de Henri. Le comte de Valmont engage la jeune veuve à s'asseoir sur un banc de gazon pour recevoir les hommages de ses vassaux.

SCÈNE III.

Les jeunes garçons et jeunes filles du canton viennent offrir des bouquets à la comtesse qui les accueille avec grâce, ils exécutent des danses, puis se retirent.

SCÈNE IV.

Après le départ des villageois, Lisbéll vêtue en commissionnaire et tenant son enfant par la main, se présente à la grille du château et demande la charité ; le suisse lui fait signe de passer outre, mais le comte de Valmont et madame de Florville ordonnent qu'on la laisse entrer ; Lisbèll s'avance timidement et renouvelle sa demande. Pour mériter en quelque sorte et exciter la générosité des maîtres du château, elle danse avec son enfant qu'elle accompagne avec son triangle. Le marmot est comblé de dons et de caresses. Lisbèll, interrogée sur sa situation, intéresse vivement madame de Florville, qui dans un mouvement de pitié, propose au comte de Valmont de la prendre à son service. Pour ne point la désobliger, le comte y consent, et la jeune veuve ordonne qu'on transforme le commissionnaire en élégant jokei. Après toutes ces dispositions, Henri vient chercher la comtesse. Les regards de Lisbèll tombent sur lui : elle éprouve un frissonnement qui est prêt à la trahir; mais elle se couvre de son chapeau, et Henri ne l'aperçoit même pas tant il est occupé de la comtesse à laquelle il présente la main pour la conduire au château. Lisbèll est au moment de succomber aux tourmens de la jalousie ; mais surmontant sa douleur, elle entre aussi dans la maison.

SCÈNE V.

Fritz qui s'est mis sur les traces de Lisbèll, arrive au château avec la double intention d'y exciter l'intérêt en faveur de madame Shiler, dont le feu vient d'anéantir la fortune et de s'assurer si l'infortunée Lisbèll ne s'y serait pas réfugiée ; sa maladresse lui attire quelques désagrémens de la part du suisse qui le prend pour un voleur qui s'est introduit furtivement, il veut le faire jeter dehors par les domestiques, mais il fait tant de tapage qu'Henri accourt et à peine à le reconnaître à cause du désordre de sa toilette ; Fritz, de son côté est fort surpris de voir Henri, qu'il avait jusqu'ici pris pour un peintre, vêtu d'un uniforme et décoré. Revenu de son étonnement, et interrogé sur ce qui l'amène, il raconte les événemens désastreux qui se sont succédés à la ferme, la ruine totale de madame Schiler et la fuite de Lisbèll ; Henri est atterré, il demande avec anxiété si l'on a connaissance du lieu où Lisbèll a pu se réfugier ? Sur la négative, il exprime la plus vive inquiétude, il donne à Fritz tout l'argent qu'il a sur lui pour qu'il le porte de suite à madame Schiler ; il l'engage même à conduire au plus vite cette infortunée auprès du comte de Valmont, dont les bras sont toujours ouverts aux malheureux : il ordonne à ses gens de se mettre de suite à la recherche de l'infortunée Lisbell, et rentre dans le château où son absence plus prolongée pourrait inspirer des soupçons. Fritz part avec empressement, et les domestiques se dirigent de différens côtés.

ACTE TROISIÈME.

Le Théâtre représente un salon.

SCÈNE PREMIÈRE.

Le jokei et la femme de chambre viennent mettre en ordre les meubles et les instrumens de musique qui ornent le salon; le comte de Valmont, Henri et madame de Florville entrent. Cette dernière témoigne sa satisfaction et complimente le comte sur le bon goût qui règne dans l'ameublement. Le comte fait asseoir la jeune veuve et Henri auprès de lui ; il s'assure de nouveau de leur mutuel consentement à l'union projetée; il leur unit les mains et leur donne sa bénédiction ; il fait ensuite présent à sa future belle-fille d'un écrin magnifique dont Henri détache le collier et en pare la comtesse, qui paraît infiniment flattée de cette galanterie; en en considérant l'effet devant une glace, elle aperçoit un carton à dessin posé sur un pupitre, et témoigne le désir de le visiter. Henri ordonne à son jokei d'apporter le portefeuille pour contenter la curiosité de madame de Florville qui admire et loue tour à tour chaque dessin qui s'offre à sa vue; elle découvre un portrait de femme qui captive toute son attention ; elle interroge Henri sur l'original de cette charmante peinture. Le jeune homme se trouble et répond, en balbutiant que c'est une tête d'idée.

SCÈNE II.

En ce moment, Lisbell vêtue en jokei, entre et annonce au comte de Valmont, l'arrivée de plusieurs officiers et autres personnes de distinction ; le général laisse la compagnie pour aller recevoir. Lisbèll a jeté un coup d'œil sur le papier que la Comtesse tient à la main ; elle a reconnu facilement son portrait et elle témoigne une vive inquiétude en entendant madame de Florville, qui n'est point dupe de la réponse d'Henri, lui demander le sacrifice de cette peinture. Le jeune homme le refuse ; elle insiste et va, dans son dépit, déchirer le papier ; mais son attention est détournée par un cri de Lisbèll, qui feint de s'être fait mal à la jambe par la chute d'une chaise qu'elle a heurtée en se retirant. La Comtesse la congédie et Henri profite de cet instant pour faire signe à son jokei de ramasser le portrait et de le remettre dans le carton.

SCÈNE III.

La Comtesse, piquée au vif, va s'asseoir dans un coin du salon. Henri prend aussi une chaise et se met auprès d'elle, mais elle s'en éloigne et lorsqu'il se rapproche, elle lui tourne le dos. Le jeune homme tente d'attirer son attention par des riens que possèdent si bien et employent de même les hommes galans de la bonne société ; mais c'est en vain, elle ne tourne même pas ses regards vers lui ; il réitère, elle se fâche et se frappe même la main en le repoussant avec une légère teinte de colère ; alors tous les petits ressorts qu'employe ordinairement la coquetterie sont mis en jeu ; elle feint de s'être fait beaucoup de mal ; le mouchoir est porté aux yeux, il échappe des mains et tombe à terre, Henri s'empresse de le ramasser, mais on ne veut même pas lui avoir cette obligation et l'on se baisse pour s'en ressaisir ; une petite lutte s'engage, le mouchoir est froissé, chiffonné, l'on se fâche sérieusement, on se lance quelques sarcasmes et l'on pense à quitter la place, ce que Henri ne veut pas faire sans avoir tenté un dernier effort, mais la Comtesse reste inflexible jusqu'au moment où il va sérieusement effectuer sa retraite ; alors elle court à lui, et par un caprice inexplicable, elle l'oblige à rester, et le force même à s'asseoir et à pincer de la guitare tandis qu'elle danse avec grâce et malice. Le pauvre jeune homme est au supplice et il fait de tristes réflexions sur le caractère de cette femme pour laquelle il a abandonné si cruellement l'infortunée Lisbèll. La Comtesse s'aperçoit de sa distraction et se plaisant à le tourmenter, elle l'oblige à danser avec elle. Enfin il n'y peut plus tenir et demande comme une grace la permission de se retirer.

SCÈNE IV.

À peine est-il sorti que Lisbèll, qui épiait depuis quelques instans toutes ses démarches, profite de son départ pour venir se jeter aux pieds de madame de Florville, à qui elle se découvre et raconte toutes ses infortunes. La jeune veuve hésite à ajouter foi aux discours de Lisbèll, mais la confrontation de ses traits avec ceux du portrait peint par Henri ne lui laisse plus aucun doute; elle est indignée de la perfidie de son amant, et jete sur l'infortunée Lisbèll un regard de pitié; elle prend la généreuse résolution de renoncer à son amant, et d'obliger Henri à rendre l'honneur à Lisbèll, elle la relève avec bonté et l'embrasse avec effusion.

SCÈNE V.

En ce moment Henri rentre : sa surprise et son indignation sont au comble, en surprenant sa future dans les bras de son jokei. Dans sa fureur, il tire son épée et va pour en percer l'audacieux serviteur, lorsque Lisbèll fuit dans le cabinet et s'y enferme. Henri devient encore plus furieux et tente d'enfoncer la porte. La Comtesse se rit de son emportement, le raille même sur sa jalousie et finit par le conduire jusqu'à la porte du cabinet qui s'ouvre à sa voix, et sur laquelle paraît Lisbèll sous les habits de son sexe. Henri en la reconnaissant, reste comme pétrifié. la Comtesse le regarde d'un air ironique, et l'engage à percer le cœur de celle qu'il a prise pour un jokei. Henri tombe aux pieds de madame de Florville mais celle-ci lui dit que ce n'est point aux siens qu'il doit se prosterner, mais bien à ceux de l'infortunée qu'il a séduite, si lâchement abandonnée et devant laquelle il devrait mourir de honte. Le jeune homme n'hésite point à implorer son pardon; Lisbèll, ne pouvant résister à ses larmes, à ses prières, le relève et tombe dans ses bras.

SCÈNE VI.

En ce moment le comte de Valmont introduit dans le salon madame Schiler et Maria, qui, conduites par Fritz, sont venues exposer leur cruelle position et implorer pitié et assistance, tant pour réparer leurs pertes que pour les aider à découvrir les traces de Lisbèll fugitive. Mais quelle est la surprise de cette dernière et l'embarras d'Henri en voyant madame Schiler, et qu'elle est l'indignation de celle-ci en apercevant sa fille dans les bras d'un homme qu'elle ne doute plus être son séducteur; elle va tomber presque évanouie sur une chaise; elle est à l'instant entourée de tous les assistans. Lisbèll à ses pieds, la conjure de lui accorder un généreux pardon. Pendant ce temps, madame de Florville fait connaître au comte de Valmont la cause d'une scène aussi surprenante qu'inattendue. Le vieux militaire est indigné de la conduite de son fils, et lui en fait d'amers reproches. Enfin, madame de Florville emploie toute son éloquente sensibilité pour persuader à un père et à une mère irrités qu'ils ne peuvent mieux faire, pour réparer les torts d'Henri et l'honneur de Lisbèll, que de donner leur consentement à leur union; elle court chercher l'enfant qu'elle amène aux pieds de la grand maman; les caresses enfantines de cette innocente créature attendrissent les cœurs du comte et de madame Schiler; leurs larmes coulent: c'est le signal du pardon.... Henri, Lisbèll, leur enfant et madame de Florville sont tour à tour pressés contre leurs cœurs; Maria et Fritz partagent le bonheur commun; le comte de Valmont engage tous les heureux qu'il fait à venir jouir de la fête qu'il avait préparée pour l'hymen de madame de Florville et d'Henri et qui va servir à célébrer l'union d'Henri et de Lisbèll.

SCÈNE VII.

Tout le monde passe dans des jardins brillamment illuminés, où toute la société invitée par le comte de Valmont ne tarde pas à se réunir; les vassaux s'assemblent sur les collines qu'on aperçoit à travers la grille du parc; d'autres sont introduits dans les jardins; enfin, une fête générale commence et chacun se livre à la joie la plus vive et à des danses variées.

TABLEAU GENERAL.

FIN.

9 782329 425023